# L'ORACLE DES LUMIÈRES

Textes et illustrations : © Cécile Mendousse.
Photos : © Philippe Colin.
Création maquette et mise en pages :
Bénédicte Souffrant – PCA-CMB.

ISBN : 978-2-36188-880-0



Imprimé en Chine.

www.editions-tredaniel.com
info@guytredaniel.fr
www.facebook.com/tredanieleso
@tredaniel_eso

CÉCILE MENDOUSSE

# L'ORACLE DES LUMIÈRES

ÉDITIONS
EXERGUE
27, rue des Grands-Augustins
75006 Paris

# SOMMAIRE

L'*Oracle des Lumières* est destiné à vous éclairer avec subtilité sur vos interrogations quotidiennes. Il vous sera d'une aide précieuse pour avoir toujours un temps d'avance et déjouer les pièges de la vie. Plus de place aux doutes, vous pouvez faire confiance à votre tirage qui vous guidera sur la bonne voie et les bonnes décisions à prendre.

En effet, cet oracle de 55 cartes illustrées de mes peintures intuitives répond directement à vos questions ! Grâce aux mots-clés précisant la signification des cartes et aux cartes des saisons servant à dater les événements, vous obtiendrez des prédictions d'une grande clarté.

Les cartes sont répertoriées en 10 catégories :

De 1 à 7 : TRAVAIL – ARGENT (cadre doré)

De 8 à 14 : AMOUR (cadre rouge)

De 15 à 21 : AMITIÉ – FAMILLE (cadre orangé)

De 22 à 28 : SPIRITUALITÉ (cadre violet)

De 29 à 35 : VITALITÉ (cadre jaune)

De 36 à 38 : CARTES BONUS (cadre bleu clair)

De 39 à 41 : CARTES RÉPONSES – Oui, Non, Neutre (cadre bleu foncé)

De 42 à 46 : CARTES BLOCAGES (cadre rose clair)

De 47 à 51 : CARTES CONSEILS (cadre vert foncé)

De 52 à 55 : CARTES SAISONS (cadre vert clair)

# COMMENT UTILISER L'ORACLE ?

Je vous conseille de vous imprégner de son énergie en manipulant les cartes avant de procéder au tirage. Puis regardez attentivement les noms, les couleurs, les différentes représentations, leur appellation, etc.

Si vous faites un tirage pour une autre personne, il est important de le nettoyer spirituellement pour enlever d'autres énergies qui pourraient venir se greffer sur votre oracle. «Ce nettoyage» peut être réalisé par le simple pouvoir de l'intention. Ainsi, vous pouvez dire à voix haute : «Je remercie l'Univers de neutraliser les ondes qui ne m'appartiennent pas sur cet oracle.» Ou, plus brièvement : «Merci de purifier mon *Oracle des Lumières*» ou plus simplement encore, en plaçant les cartes sous une fleur de vie que vous aurez imprimée au préalable.

Vous pouvez également, lors de la toute première utilisation, demander à vos guides, à l'Univers, à une personne chère, une aide « messagère » qui vous aiguillera dans vos tirages, afin d'apporter de la lumière sur vos questionnements.

Voici un exemple : « Je te remercie, André, de faire la lumière sur mon avenir par l'intermédiaire de cet oracle. » L'important est de personnaliser cet oracle pour qu'il soit d'une aide réconfortante et chaleureuse (au fil du temps, lors de vos séances).

# COMMENT SE SOUVENIR DE VOS TIRAGES ?

Vous pouvez également, si vous le souhaitez, écrire sur un carnet, en annexe, les tirages que vous faites en notant le nom des cartes et votre question de départ, avec la date du jour. Vous pourrez ainsi vérifier la portée de la guidance quand celle-ci se réalisera. La notion de temps est très importante. Elle vous permettra de renforcer vos tirages et la confiance en vos cartes.

Si vous n'avez pas le temps, vous pouvez tout à fait prendre en photo votre tirage, mais n'oubliez pas d'annoter votre question exacte pour ne pas perdre en substance la réponse à votre question.

# DES ASTUCES POUR FAIRE UN TIRAGE DE QUALITÉ

Soyez confiant lorsque vous faites un tirage, mais privilégiez un jour où vous n'êtes ni fatigué, ni triste ou en colère afin de ne pas fausser votre prédiction. Réservez cette activité spirituelle à un moment où vous vous sentez bien émotionnellement. Vous pouvez réaliser plusieurs tirages dans la journée, mais évitez de poser la même question. Attendez plutôt quelques jours pour la reformuler. Elle doit être énoncée de manière claire et concise, sans équivoque.

# UNE CARTE SAUTE LORSQUE VOUS MÉLANGEZ LES CARTES ?

Faites alors un arrêt sur image sur cette carte et prenez-la en considération. Celle-ci veut vous «parler». Prenez note et gardez-la en tête lors de vos tirages suivants. Elle donnera le tempo de la guidance.

Si une carte est à l'envers, cela implique que la signification de la carte sera atténuée. Par exemple, si la carte 1 – Gain (Argent) est tirée à l'envers, ce gain aura du retard.

Les cartes à l'envers montrent la lenteur, les retards, les couacs.

Elles viennent «alourdir» la situation.

# COMMENT SE RÉFÉRER AU LIVRE ?

Chaque carte comporte une description/interprétation. Avec de l'entraînement et au bout de quelques utilisations, oubliez les significations décrites dans le livre… Intuitivement, vous saurez si la situation est épineuse ou si elle est très positive en regardant tout simplement la peinture et son appellation. Petit à petit, vous mettrez vos propres mots sur la signification de la carte, vous la personnaliserez et donc vous la maîtriserez. Le livre et les méthodes de tirage ne sont donnés qu'à titre d'exemples. Cet oracle est avant tout le vôtre !

Comme toute discipline, la régularité est source de facilité ! Le plus important ? Vous amuser ! Il est essentiel de prendre du plaisir à tirer les cartes et à découvrir leurs secrets.

Je vous souhaite de beaux moments de voyance et une belle aventure spirituelle !

Avec beaucoup de tendresse,

Cécile Mendousse
La Vie en Rose

# LES 3 MÉTHODES DE TIRAGE

À chaque séance, vous pouvez allumer une petite bougie pour demander que la Lumière soit faite. Une musique douce en fond sonore peut vous aider à vous relaxer. Soyez au calme et assurez-vous que vous ne serez pas interrompu au cours de votre tirage.

N'hésitez pas à formuler vos questions au sens large... en faveur de ce qui serait nécessaire de savoir, ici et maintenant, pour évoluer.

Exemple : « Que devrais-je savoir d'important, aujourd'hui ? » Soyez prêt également à être surpris.

Les cartes peuvent mettre en exergue des choses ou des situations inconfortables. Si vous n'êtes pas prêt à jouer le jeu, alors remettez à plus tard ce tirage.

# TIRAGE 1

## La carte du ciel

Ce tirage vous donne les grandes lignes de votre avenir. Avant toute chose, essayez d'avoir le cœur léger et de ne pas vous bloquer sur une problématique.

Vous pourrez affiner et questionner celle-ci par un autre tirage ensuite (le tirage n° 2 ou le tirage n° 3 par exemple).

Ici, il s'agit plus de prendre « la température » de votre ciel et d'en dévoiler les contours de manière globale.

Laissez aller « le bal de vos pensées » sans vouloir les contrôler. Battez les 55 cartes et étalez-les face cachée avec votre main gauche (celle du cœur, comme toujours) en dehors du plateau (entre lui et votre corps).

Choisissez-en 7 (toujours avec la même main).

5
4
6
3
2
7
1

La **carte 1** retrace votre passé : ce que vous avez vécu auparavant ; elle n'influence en rien les autres cartes, elle témoigne simplement de ce qui est derrière vous.

La **carte 2** représente l'instant présent.

La **carte 3** symbolise ce qui est sur le point d'arriver : votre avenir.

La **carte 4** révèle ce qui vous anime, vos aspirations profondes, vos envies, vos rêves.

La **carte 5** pointe vos objectifs : l'aboutissement, vos perspectives de vie, vos challenges, vos buts à atteindre.

La **carte 6** représente vos atouts, votre force intérieure.

La **carte 7** est une amorce de ce que vous pouvez « explorer » comme thème avec le tirage n° 2 ou bien de l'autre côté du plateau avec le tirage n° 3.

C'est une piste à creuser, à suivre si vous en avez envie.

C'est une carte « mystère » qui aura du sens au fil du temps...

Si les cartes 4, 5 et 6 portent un message plus difficile à recevoir, vous pouvez les recouvrir une seule fois chacune avec de nouvelles cartes piochées devant vous pour en comprendre et en affiner le sens (toujours le choix des cartes avec votre main gauche).

Passez au tirage n° 2 ou au tirage n° 3 pour en savoir un peu plus !

Notez sur un carnet les tendances de cette « carte du ciel » pour vous rappeler du tirage (n'oubliez pas la date) ainsi que la disposition globale des cartes.

Cet oracle peut être utilisé seul ou avec un proche pour un moment de partage et de complicité. Vous pouvez également tirer les cartes pour quelqu'un d'autre.

# TIRAGE 2

## La réponse à votre question

Sortez du paquet les 3 cartes «réponses» et concentrez-vous sur votre question.

La formulation est très importante.

Essayez de ne pas vouloir à tout prix influencer la réponse (c'est le plus difficile) et replacez-vous «au-dessus» de la question avec une certaine distance pour laisser «de la place» à la réponse.

Concentrez-vous et formulez d'une manière simple votre question; tournez-la sans équivoque et à voix haute si vous en avez la possibilité.

Vous n'avez plus qu'à mélanger les trois cartes, les disposer devant vous, en extraire une seule et en tirer les conclusions.

# TIRAGE 3

## Pour aller plus loin dans un domaine

Vous avez besoin d'approfondir un thème ?

Alors, concentrez-vous sur un domaine précis, pensez-y très fort. Vous pouvez également le formuler dans votre tête ou à voix haute comme une question ouverte.

Battez les 55 cartes (y compris les 3 cartes «réponses»), étalez-les et tirez de la main gauche 7 cartes selon vos envies.

Disposez-les comme vous le souhaitez dans les encarts prévus à cet effet :

Retournez les 7 cartes et prenez conscience de l'état général de ce que l'Univers veut vous dire.

Combien de cartes contiennent un message plus difficile à recevoir ? Sont-elles équilibrées par des cartes aux messages plus encourageants ?

La situation est-elle plutôt problématique ou montre-t-elle une porte de sortie ?

Puis affinez, décortiquez chaque carte (dans un premier temps, avec le livre) pour faire « parler les cartes ».

Ensuite, comme si vous étiez devant quelqu'un à qui vous tireriez les cartes et à qui vous donneriez une réponse, essayez d'organiser votre pensée. Soufflez et formulez oralement une réponse simple.

Puis explorez les détails.

La vie est souvent pleine de nuances ; conjuguez les cartes entre elles de la même façon.

Essayez de les orchestrer et d'en déchiffrer le sens.

Sur le plateau, sont inscrites des annotations qui vous aideront à révéler le sens caché des cartes et à interpréter votre tirage de manière plus subtile.

Ce tirage n° 3 peut sembler un peu ardu au début, mais avec de la pratique, il deviendra votre préféré, j'en suis certaine !

Bien entendu, vous pouvez créer vous-même vos méthodes de tirage ou utiliser celles que vous connaissez. Tout est possible.

Le tirage simple de trois cartes consécutives est aussi très parlant pour une question. Si la réponse est favorable, il y aura tout simplement deux cartes aux messages encourageants.

Cet *Oracle des Lumières* se veut ouvert. À vos cartes !

Et n'oubliez pas, rien n'est figé ! Vos cartes évoluent en permanence, tout comme vous. Alors, accueillez cet oracle pour ce qu'il est réellement, une aide pour comprendre et éclairer vos doutes, un ami qui vous veut du bien.

Je le répète... amusez-vous comme je me suis amusée à le concevoir pour vous.

# LES ASSOCIATIONS DE CARTES

Les associations de cartes sont une vision essentielle de cet *Oracle des Lumières*.

Une fois déposées sur le plateau, les cartes se dévoilent et parlent d'elles-mêmes.

Dans un premier temps, regardez le tirage dans sa globalité et concentrez-vous ensuite sur les détails. L'ensemble de ces cartes décrit votre histoire.

Elles dessinent et projettent plusieurs informations : un chemin à prendre, une émotion, une situation, et surtout une solution ! Vous découvrirez au fil du temps ce qu'elles veulent vous signifier. À vous de les interpréter à votre manière, selon vos attentes, de la façon la plus juste.

Plus vous les utiliserez, plus elles s'imprégneront de vos énergies. Profitez pleinement de cet oracle divinatoire des Lumières… Vous n'êtes pas au bout de vos surprises ! Ces cartes vous guideront, j'en suis sûre, vers votre avenir…

# LES CATÉGORIES

TRAVAIL – ARGENT

AMOUR

AMITIÉ – FAMILLE

SPIRITUALITÉ

VITALITÉ

CARTES BONUS

CARTES RÉPONSES – OUI, NON, NEUTRE

CARTES BLOCAGES

CARTES CONSEILS

CARTES SAISONS

# TRAVAIL
# ARGENT

1

# GAIN

## RECONNAISSANCE • AUGMENTATION ÉLÉVATION • MÉRITE

Dans la religion hindoue, le dieu Ganesh est connu pour apporter la bonne fortune et posséder le pouvoir d'ôter les obstacles de notre chemin. Voici ce que Ganesh vous révèle : vous êtes dans une belle période de reconnaissance financière. On apprécie votre travail à sa juste valeur. Cette période est également propice aux récompenses et aux gains. Attendez-vous à de bonnes surprises : signature de contrat, promotion (changement de poste), augmentation de salaire... Les risques que vous avez pris par le passé étaient nécessaires et justifiés pour construire cet avenir qui est devenu réalité. Bravo ! Vous pouvez vous féliciter ! Vous êtes le seul maître à bord et acteur de votre succès. Vos efforts ont été payants et vous profitez pleinement de cette abondance financière.

2

# HARMONIE

RESPIRATION • ÉQUILIBRE
ABONDANCE • GRATITUDE

La cascade est le symbole du flux de la vie : puissance, vitalité, jeunesse et renouveau.

C'est une période propice pour développer votre entreprise ! Profitez de l'abondance de cette période. Attendez-vous à un retour sur investissement. Votre situation financière va nettement s'améliorer dans un futur proche. L'abondance est là. Vous pouvez souffler et respirer... Profitez !

3

# RÉINVESTISSEMENT

SÉRÉNITÉ • BONHEUR
ARGENT • MOUVEMENT

Ce bébé Bouddha sourit à l'avenir et regarde le ciel d'un air confiant et léger. Tout est possible ! L'énergie de l'argent amène les occasions de le faire fructifier ! Pour ce faire, réfléchissez à des placements intéressants et à votre portée. Le retour sur investissement sera conséquent. Vous pouvez bel et bien suivre vos intuitions, elles vous mèneront à des stratégies cohérentes pour évoluer sur le plan financier.

Tous vos rêves sont accessibles et vous construisez votre avenir avec sérénité. De nouveaux projets vous attendent... Préparez-vous au mouvement que vous avez insufflé.

Le cœur léger et plein d'espoir, vous pouvez y croire !

# MISE EN GARDE

PERTE • PRÉVOYANCE
ÉPARGNE • SOLUTION

Des dépenses inattendues vont vous contrarier et ralentir certains de vos projets.

Prévoyez de mettre la main à la poche. Pour anticiper cette situation délicate, mettez d'ores et déjà des sous de côté. Un homme averti en vaut deux.

# PARTENARIAT

## TRAVAIL • DYNAMIQUE DÉVELOPPEMENT • RICHESSE

Un duo professionnel montre le bout de son nez. De nouvelles perspectives d'associations sont à l'ordre du jour.

N'oubliez pas l'adage «à plusieurs nous sommes plus forts». Les idées foisonnent et vous allez pouvoir agencer votre projet grâce à l'aide d'un allié de taille. Belle collaboration à venir !

# 6

# VIGILANCE

## EXIGENCE • RÉFLEXION • DISTANCE

Restez en alerte ! On vous jalouse et vous êtes dans le collimateur d'un de vos collaborateurs ou proches.

Soignez votre parole et vos actes. Vous êtes au-dessus de ces esprits malveillants.

7

# ÉPARGNE

CONSTRUCTION • RÊVE
AVENIR • PASSION

C'est le moment d'imiter la fourmi ou l'écureuil ! Épargnez pour anticiper l'avenir. Mettez de côté pour réaliser vos rêves et construire vos «lendemains-bonheur».

Vous avez toutes les cartes en main pour avancer : écoutez-vous et foncez pour atteindre vos objectifs.

Astuce : mettez en place une enveloppe intitulée «rêve» pour favoriser l'engouement d'épargner chaque mois. Petit à petit, vous vous rapprocherez de votre but et cela peut ainsi vous éviter des achats compulsifs.

# AMOUR

8

# PASSION

AMOUR • PLAISIR • ENTENTE • ENVIE

Vous vivez une idylle. Profitez de chaque instant, ils sont précieux.

Sinon, une rencontre inattendue arrive ! Cupidon vient de tirer sa flèche… Le grand frisson arrive…

9

# ÂME SOEUR

## APAISEMENT • FLUIDITÉ • VÉRITÉ
## PROFONDEUR DES SENTIMENTS

Rencontre inéluctable : comme une évidence, vous ne pourrez vous détacher de son regard... et pour cause, vous êtes déjà en lien. Deux belles âmes liées d'un amour profond, d'un autre âge, d'une autre époque ou d'un futur proche...

Une (re)connaissance vécue comme un apaisement. Il n'y a pas de doute à avoir et les questionnements n'ont pas lieu d'être.

Soyez prêt à être chaviré par cette rencontre (si celle-ci n'est pas déjà arrivée) et à remettre en question votre destin. Tout se fera en temps et en heure. Cette carte est très encourageante.

10

# RECENTRAGE

NÉCESSITÉ • TEMPS
OBJECTIFS • FIN • DÉBUT

À première vue, il s'agit d'un épisode de solitude, mais cela n'est qu'une apparence, soyez-en certain ! Au lieu de subir ce moment entre «deux eaux», soyez dès à présent acteur de cet espace que l'Univers vous offre pour vous découvrir et faire le point sur des situations épineuses. Que voulez-vous vraiment vivre au sein de votre couple ? Comment envisagez-vous votre avenir à deux ?

Tout prend du temps et cette gestation est nécessaire pour vous écouter, vous recentrer et faire le point sur vos envies profondes. De nouvelles idées vont émerger par le calme et l'introspection. Privilégiez les moments de repos, de ressourcement auprès de la nature ; évitez le brouhaha et les discussions houleuses.

Mettez-vous en retrait pour avancer deux fois plus vite ensuite.

11

# RENCONTRE

## CŒUR • COMPLICITÉ ACCUEIL • ÉVOLUTION

L'Univers vous offre une rencontre, à vous d'en définir les contours avec souplesse et nuances. S'agit-il d'une relation éphémère, d'un plan de vie à deux ou d'une relation qui pourrait évoluer de manière amicale ? Votre cerveau est en ébullition... Vous êtes la clé à cette réponse et votre corps le sait.

Votre esprit vous tourmente car vous cherchez à analyser et à vous projeter trop rapidement.

Même si vous avez envie de légèreté, pourquoi ne pas faire de la place à cette nouvelle histoire et profiter de chaque instant sans penser au lendemain ?

Chaque rencontre apporte son lot de magie, de certitudes et d'illusions. Rappelez-vous qu'une rencontre amène toujours une nouvelle lecture de « la vie » et c'est par cette lecture que nous nous enrichissons et que nous grandissons.

12

# ENVOLÉE

## ACCOMPLISSEMENT • AMOUR SINCÉRITÉ • CONSTRUCTION

Comme l'arbre de vie, vous avez su vous ancrer et vous élever dans cette vie à deux.

Ce nouveau départ va vous apporter beaucoup de plaisir. Vous vous sentez épaulé et accompagné dans cette vie à deux. Nouvel élan ! Vous avez le droit à votre part de bonheur ! Oui, oui, soyez-en sûr. Heureux événement à venir : grossesse, naissance ou mariage, Pacs... Cette carte présage du bonheur à l'état pur.

Attendez-vous à un petit cadeau de l'Univers... une visite inopinée de Cupidon !

Amour

13

# ÉVOLUTION

TRANSFORMATION
MOUVEMENT • ESSAI

Une nouvelle période s'offre à vous, vous évoluez avec votre partenaire de vie grâce à une complicité et une vivacité différentes. Votre couple s'éveille et vous avancez sur le même chemin. Votre esprit et votre cœur sont dans le même alignement. Vous cheminez ensemble. Période faste pour les voyages à deux. Si votre couple «bat de l'aile», pimentez-le, faites-le évoluer car cela vaut le coup !

Votre passé en commun est un socle très fort et cela serait dommage de le laisser derrière vous. La partie n'est pas finie !

# AVERTISSEMENT

## VÉRITÉ • SECRET DÉVOILÉ AMBIGUÏTÉ

Attendez-vous à découvrir des choses cachées.

Les relations amoureuses se dégradent. De plus en plus de tensions apparaissent au fil du temps. Présence d'une tierce personne.

# AMITIÉ
# FAMILLE

# COCON

## ÉVIDENCE • TENDRESSE AMOUR NOBLE

Vous êtes bien entouré et vous savourez votre chance d'être aimé et d'aimer en retour.

Moments doux et câlins. Profitez de cette bulle magique de tendresse au sein de votre famille et de vos amis. Ces moments de bonheur sont essentiels. Vous n'avez rien à dire car vos proches savent déjà tout d'un simple regard.

16

# BIENVEILLANCE

## GRATITUDE • RECONNAISSANCE OFFRANDE

Attendez-vous à un coup de pouce de votre famille ou d'un ami proche. On vous porte chance et on aspire à ce que vous vous éleviez. Vous serez étonné de la puissance du geste.

Comme un cadeau, cette personne au grand cœur vous réconciliera avec le genre humain.

17

# MÉFIANCE

## QUIPROQUO • DISSIMULATION
## VÉRITÉ • JUSTICE

Une indélicatesse n'est pas loin... Ne prenez pas parti dans un conflit intergénérationnel.

Votre prénom revient sans cesse au sein de votre cercle amical ou familial. On veut vous inclure dans la querelle. Une seule solution, trouvez l'inquisiteur et favorisez le dialogue afin d'éclaircir tout malentendu.

Privilégiez des mots simples et sans reproches. Un discours clair et intransigeant sera de mise. Sortez de cette situation avec panache et diplomatie !

# DISTANCE

## CHOIX • ESTIME DE SOI • SANTÉ

Prenez votre envol ! Votre famille et vos amis peuvent vous faire quelquefois de l'ombre par crainte pour votre avenir. Leurs conseils ne sont pas toujours objectifs, gardez cela à l'esprit.

Vous avez besoin d'oxygène. Laissez faire et éloignez-vous sans vous fâcher.

Il y a des relations qui évoluent et qui ont besoin d'un nouveau souffle pour mieux repartir.

Fatigue intense et lassitude auront raison de vous si vous ne considérez pas les alertes que votre corps vous donne. La priorité reste votre bien-être avant tout !

19

# ZÉRO CULPABILITÉ

## SÉLECTION • ACTION AMOUR-PROPRE

Et si vous pensiez un peu plus à vous ? Les autres gravitent autour de vous, certains sont essentiels et d'autres non. Prenez simplement les meilleurs éléments de votre entourage.

Vos amis sont des personnes que vous êtes censé choisir et non pas subir. Une petite mise au point est nécessaire. Votre vie est essentielle et vous devez vous souhaiter le meilleur dans vos rencontres.

# 20

# CONSEILLER

## SAGESSE • AIDE • RÉCONFORT

On va vous solliciter pour que vous donniez votre avis (amis, famille). Répondez avec votre cœur et sans équivoque. Balayez d'un revers de la main tous les doutes.

Cette personne aura besoin d'un pilier dans les prochaines semaines, et c'est vous ! Vous êtes la personne qui saura conduire et démêler cette problématique de grande envergure.

N'ayez crainte, vous êtes exactement LA personne qui était attendue.

Votre sagesse, votre endurance et votre détermination seront appréciées. Vous êtes un ami en or !

# COMPLICITÉ

## FESTIVITÉS • RÉJOUISSANCE AMOUR

Des moments complices et des moments de partage intense sont à prévoir sur plusieurs jours (voire semaines). Les liens se resserrent et vous êtes bien aligné avec ce que vous vivez.

Vous avez trouvé votre place au sein de votre famille et de vos amis. Des invitations sont à prévoir et on apprécie votre compagnie. Fluidité dans les échanges et rencontres de nouvelles personnes amicales ! Vous êtes dans une perspective d'accueil de l'autre et l'Univers vous envoie des personnalités d'horizons différents. Les relations sont enrichissantes.

# SPIRITUALITÉ

22

# TRANSFORMATION

ÉVIDENCE • UNIVERS
SIGNES • SENS

Cette carte est le symbole de la métamorphose et de l'élévation. Des changements se profilent à l'horizon : dans votre esprit, dans votre corps et dans votre âme. Vos sens s'aiguisent et vous vous déployez. Ce passage peut être inconfortable mais nécessaire. Ne résistez pas, laissez la vague de la féerie vous submerger pour en découvrir toute l'étendue.

Un monde magique et parallèle que vous avez toujours suspecté d'exister se dessine... Des coïncidences, des synchronicités : tout s'agence dans votre tête comme un puzzle et vous suivez le fil d'Ariane. De nombreux signes sont là : demandez et vous recevrez. Une aide de là-haut est bien présente.

# CLAIRVOYANCE

## SÉRIEUX • GUIDANCE • ART

Vous êtes bien connecté avec là-haut ! Une certaine ardeur et un zeste de passion se dégagent de votre personnalité. Vous rayonnez dans votre discipline spirituelle (bien-être, guidance, thérapies holistiques, activités créatives, etc.).

Le monde ésotérique vous attire et vous propulse vers de nouvelles aventures.

Vous êtes sensible à l'art sous toutes ses formes du fait de votre sensibilité exacerbée.

Goût de l'esthétisme, du beau, du vrai : vous guidez vos proches avec beaucoup de mesure grâce à vos intuitions et votre sens de l'observation.

CONSEIL : si vous ne vous êtes pas encore lancé professionnellement, c'est une belle période pour explorer vos rêves et les mettre en pratique dès aujourd'hui. Prenez-vous au sérieux car vous en avez toutes les compétences.

# COMMUNICATION

## PERCEPTION • ANIMAUX • NATURE

Vous avez un don pour la communication animale ; la douceur de votre âme tisse directement un lien spécial et privilégié avec ces êtres à protéger.

La nature est votre maison et vous aimez vous y ressourcer. Vous êtes l'ambassadeur des opprimés. Une âme de fée au cœur pur et aux mains protectrices.

La nature vous parle et bien souvent vous y trouvez des réponses à vos questionnements sans même demander. Soyez à l'écoute… La vie vous murmure des actions prochaines. N'hésitez pas à flâner le temps d'une balade bucolique en forêt ou près de l'eau. La mise en mouvement vous permet d'être en communion avec l'essence de la vie. Ressentez votre cœur battre et observez votre corps interagir avec le vivant et toutes ces créatures fantastiques qui nous entourent de mille et une façons, les visibles et ceux que l'on ne perçoit qu'avec l'âme.

# INSPIRATION

## CRÉATIVITÉ • ÉMERGENCE • AUDACE

La créativité est en chacun de nous.

Les idées germent et un ballet incessant de remarques ou de questions vous submerge. Libérez votre potentiel des contingences de la réalité. Tout est possible ! Pourquoi se restreindre à ce qui est dans la norme ?

Bousculez les tendances et tirez la couverture de votre côté en jouant la carte de la différence ! C'est une période propice aux idées les plus folles et les plus novatrices.

Vous allez en surprendre plus d'un avec votre longueur d'avance !

Chance
Paix
repos
Familles
sourires
admiration
Merveilles
Liberté
Amour
espoir
Vol-au-Vent
Joie
Étoiles
Bonheur
Lumière
Délice
Détente
Calme
satisfaction
Élévation
Plaisir
Paix
Charme
Fortune
Nirvana
Réussite

## 26

# AURA

### FREIN • NETTOYAGE • PURIFICATION

C'est le moment de faire un petit tour du propriétaire et de noter toutes les choses difficiles qui vous sont arrivées au cours des dernières semaines. Si factuellement vous rencontrez une succession d'embûches, de ralentissements et de grande fatigue, alors il est temps de nettoyer votre aura ! Prenez conseil auprès d'un professionnel recommandé ou concoctez-vous des remèdes maison (gros sel, sauge, Palo Santo, lithothérapie, etc.).

Un soin énergétique serait le bienvenu.

# VÉRITÉ

## TEMPÉRANCE • ÉQUILIBRE • LIBERTÉ

Vous êtes franc et vous mettez un point d'honneur à l'honnêteté. Vous serez gagnant à jouer carte sur table. Ce que vous allez dire peut tout changer. Soyez conscient de vos mots, de leurs pouvoirs. Choisissez-les avec responsabilité et humilité.

28

# LIMITES

## SACRIFICE • DÉDUCTION ADAPTABILITÉ • RETRAIT

Vous êtes en train d'atteindre vos limites. Un temps d'absorption et de digestion des derniers événements est nécessaire. Prenez du recul dans ce flot de bêtises que l'on veut vous faire avaler. Le renard regarde en arrière pour se tourner vers le passé. Avec sa ruse légendaire et son grand pouvoir d'adaptabilité, cet animal totem n'est pas en reste pour trouver des solutions. Vous avez, en ce moment, besoin d'être dans l'instant présent.

Bien ancré, vous pourrez pallier ces problématiques terrestres. Mettez de côté ce besoin de trouver le coupable ailleurs ou des solutions grâce aux autres. Vous êtes la solution !

# VITALITÉ

## 29

# DISTRACTION

### ÉMULATION • ÉVEIL • VIE

De belles sorties et des propositions arrivent ; on vous invite à fêter les choses ! Cet élan vous donne une forme olympique. Votre leitmotiv ? Vous amuser et vous distraire pour égayer votre quotidien, et vous avez bien raison ! Tout est réuni pour dynamiser et réveiller votre corps et votre âme. Profitez avec délice de ces moments festifs.

# MOTIVATION

## ACTIVITÉS PHYSIQUES QUOTIDIEN • BESOINS

Votre corps est plus motivé que d'habitude. Reprise ou performance dans le domaine du sport. Vous sentez votre corps et l'infini de ses possibilités car vous en prenez soin. Bravo !

Votre régime alimentaire est sain et votre hygiène de vie est impeccable. Vous pouvez être fier de vous. L'humeur s'en fait ressentir tout naturellement. Comme dit l'adage : « Un esprit sain dans un corps sain. »

31

# ÉNERGIE LIBRE

## RÉACTION • DISTANCE PLAN D'ACTION

Vous n'arrivez pas à gérer votre flux d'énergie. Vous êtes une cocotte-minute prête à exploser. Beaucoup d'ambivalences, d'émotions agréables (joie intense, rencontre inattendue) et désagréables (déception, contrariété) vous laissent perplexe, et vous vous sentez comme en décalage avec les autres. Vous êtes victime de cette palette trop grande d'émotions. Vous vous épuisez par le biais de «ces sauts à l'élastique des sentiments».

Soufflez et trouvez des «personnes ressources» pour optimiser votre énergie (famille, amis, thérapeute, etc.). Il est essentiel de réguler vos humeurs et vos émotions pour ne pas être le jouet de votre mental.

# PAUSE

## REPOS • FATIGUE SOMMEIL • ANIMAUX

Votre corps n'avance plus. Vous avez peut-être trop tiré sur la corde. Reposez-vous et octroyez-vous des pauses psychiques et physiques. Vous entreprendrez plus tard, l'heure est à la mise entre parenthèses. «Coupez», dans la mesure du possible, vos sources de stress (réseaux sociaux, personnes toxiques : voleurs de temps, plaintifs, etc.), prenez de la distance avec les situations désagréables liées aux tracas professionnels ou familiaux. Faites une pause. Cette carte vous invite à une reconnexion à l'essentiel grâce à la présence des animaux. Ce moment simple pourrait vous être très bénéfique pour souffler et mettre à distance les choses négatives de cette période.

33

# SOUHAIT

CHANCE • ESPOIR
FANTASME • ENVIE

Cet arbre n'est pas un arbre comme les autres : il est magique et porteur d'intentions.

Faites un vœu, vous ne serez pas déçu ! C'est le moment de croire en vos rêves et de déployer la force nécessaire pour y arriver.

Astuce : formalisez votre vœu en esquissant un sourire... Le positif amène indéniablement du positif ! Cette carte laisse entrevoir le pouvoir de l'attraction. Tout part de nous : nos pensées construisent notre réalité et en soignant avec délicatesse celles-ci, nous parvenons à trouver un peu plus chaque jour le chemin du bonheur.

34

# GRATITUDE

GRATITUDE • AMOUR
REMERCIEMENT • CADEAU

Remerciez sans cesse les petits cadeaux de la vie.

Réjouissez-vous d'avoir un toit au-dessus de vous, de boire votre petit café du matin et de pouvoir choyer les êtres chers autour de vous. C'est bien une chance d'évoluer dans un climat de paix même si nous nous attardons bien évidemment sur les détails qui nous agacent. Sortez la tête du guidon et appréciez la teneur de ce qui va dans votre vie.

Alors, prenez le temps, l'espace d'un instant, de savourer les petits moments : l'odeur d'un parfum, le bisou de votre enfant quand vous le laissez le matin à l'école, un repas entre amis, un défi sportif... Un partage, tout simplement, et des yeux qui brillent de gratitude.

# 35

# RÉVEIL

## DÉCISION • APPRENTISSAGE ACTION POSITIVE

Un projet de vie va vous booster le moral après une longue période de remise en question. Votre corps se réveille à l'image de la nature au printemps. Vous avez l'impression d'être rouillé et engourdi ; pas d'inquiétude, votre corps va s'acclimater ! Ne vous laissez pas submerger par les doutes ou par l'envie de revenir en arrière. C'est maintenant que la partie se joue !

# LES CARTES BONUS

36

# CADEAU DE LA VIE

ÉMOTIONS • PLAISIR • DÉCOUVERTE

Une surprise vous attend. Il s'agit d'un cadeau pas comme les autres. Une valeur sentimentale ajoutera une note sucrée à ce présent. Ne pensez pas forcément aux objets... Laissez-vous surprendre par cette douce et merveilleuse attention. Beaucoup d'émotions en prévision.

37

# JOIE

## SIMPLICITÉ • ACCUEIL • BONHEUR

Beaucoup de réjouissances au programme. Une rencontre se dessine. Celle-ci peut venir du passé ou, au contraire, vous ouvrir à un nouvel horizon. Cette carte nous apprend à alléger les choses inutiles qui peuvent encombrer notre esprit ; profitez sainement de cette situation sans chercher à rentrer dans les détails.

38

# VOYAGE

AVENTURE • NOUVEAUTÉ
DÉCOUVERTE

Un séjour se profile à l'horizon, qu'il soit d'ordre professionnel ou personnel. Cette nouvelle vous enchantera et vous prendrez plaisir aux préparatifs de cette excursion.

# LES 3 RÉPONSES

Oui
Oui!
Oui
OUI
Oui
OUI
Oui
OUI
oui
OUI
Oui
Oui
OUI
OUI
oui
OUI
Oui
Oui
Oui
oui
OUI
oui
Oui
OUI
oui
OUI
Oui
Oui
oui
OUI

# OUI

C'est un grand oui sans équivoque !

FONCEZ !

NON
Non
NON
non
non
NON
non
non
Non
NON
Non
non
Non
Non
NON
Non
Non

40

# NON

C'est irrévocable, la réponse est négative. Elle peut néanmoins évoluer dans le futur.

# NEUTRE

Il s'agit d'une carte «entre-deux» qui signifie «peut-être»; essayez encore pour atteindre votre objectif ou remettez tout simplement à plus tard les choses. L'Univers fera le reste.

Soit vous n'êtes pas prêt (tout simplement), soit la situation est bien plus complexe qu'elle n'y paraît. Ne tranchez pas et laissez courir la problématique; vous n'en connaissez pas tous les tenants et aboutissants pour avoir une vue d'ensemble éclairée.

ABSTENEZ-VOUS.

# LES 5 BLOCAGES

# 42

# PRUDENCE

## ILLUSIONS • RÉFLEXION • LUCIDITÉ

Si vous n'êtes pas d'accord avec la situation, préservez-vous d'efforts inutiles à venir. Le cerf est un animal totem majestueux, puissant, et un esprit bienveillant.

Ne perdez pas votre temps en futilités. Rebroussez chemin car ce que l'on vous propose est inadapté. Votre sagesse et votre expérience passées vous serviront à déjouer le chant des sirènes.

43

# ATTENTE

STAGNATION • USURE
PERTE DE TEMPS

Vous tournez en rond ! Passez votre tour si vous en avez la possibilité !

Lorsque ce n'est pas le moment, cela ne sert à rien de taper des pieds… Patience et lâcher-prise sont les maîtres-mots pour faire passer cet épisode inconfortable.

Changez votre fusil d'épaule et regardez la situation sous un autre angle pour vous détacher petit à petit de celle-ci.

L'obsession qui vous anime peut être destructrice sur le long terme, alors reprenez les rênes de votre mental en trouvant des alternatives objectives. Fixez-vous des échéances pour avancer. Vous gagnerez en efficacité.

44

# SECRET DE FAMILIE

VÉRITÉ • NÉCESSITÉ • RÉVÉLATION

Des choses du passé, non dites, ressurgiront. Il est temps d'affronter le passé et ce qui vous empêche vraiment de vous réaliser. Soyez confiant. Ce qui arrive est le résultat de plusieurs années passées sous silence qui ne vous ont pas vraiment aidé, et vous le savez.

Ce secret révélé vous ouvrira à une autre vision de la situation. Faites confiance à l'avenir.

45

# FIN

## RUPTURE • ACCEPTATION • DESTIN

Cette carte symbolise un arrêt. La fin de quelque chose, d'une histoire, d'un travail ou d'une situation qui peut se présenter.

Cette situation peut vous rendre triste, mais c'est inéluctable. Cette carte est à prendre en considération avec d'autres cartes alentour. Elle peut être équilibrée par des cartes réconfortantes.

# SÉPARATION

## LIBERTÉ • COURAGE NOUVEAU DÉPART

Vous avez la volonté de vous détacher de ce qui vous pèse ou de ce qui vous encombre. Il y a une motivation de votre part de laisser derrière vous ce qui ne vous convient plus. Une nouvelle envolée avec un besoin d'oxygène se fera ressentir. Vous avez besoin de prendre le large et de déployer vos ailes !

# LES 5 CONSEILS

# CÉLÉBRATION

## TRAVAIL • RÉCOMPENSE • SUCCÈS

Célébrez vos victoires, petites ou grandes, elles sont le résultat de vos efforts et de votre motivation. C'est le moment de se récompenser et se faire plaisir (sortie au restaurant, cadeau, escapade, etc.).

Marquez le coup car c'est ainsi que vous construirez votre pyramide du succès. Vous pouvez atteindre n'importe quel objectif. Vous méritez plus que le meilleur !

# CRÉATIVITÉ

## OBSERVATION • TEMPS • BEAUTÉ

Laissez-vous envahir par la douce mélodie de la créativité. Partout où vous irez, votre corps et votre âme seront la mémoire de ce que vous percevrez : odeurs, couleurs, sensations de toutes sortes, etc. Tout est source de créativité et, si vous prenez le temps de regarder, de contempler, alors la beauté du monde se révélera d'elle-même. Ce sera LA récompense à votre patience et à votre intérêt pour la nature. Excitation et joie s'entremêlent pour révéler un pur élan créatif.

# VACANCES

## ÉPANOUISSEMENT • DÉTENTE INSPIRATION • ÉLÉVATION

Un voyage ou une escale germe dans votre esprit. La destination est un rêve éveillé.

Un déclic pour vous, car il ouvrira de nouvelles portes et de nouvelles perspectives pour votre avenir. Des pistes que vous allez explorer dans votre vie quotidienne d'une manière très personnelle ! Le voyage commence maintenant, et fantasmer ce séjour dès aujourd'hui vous fera un bien fou.

# FOI

## SAGESSE • VÉRITÉ
## UNIVERS • CROYANCE

Croyez en ce que vous faites.

Vous êtes sur le bon chemin, vous êtes aidé par vos guides et vos anges gardiens qui vous accompagnent. Cette carte ne laisse pas de place aux doutes. Votre parole et vos actes sont en adéquation avec votre âme et ce à quoi vous aspirez. Vous êtes dans le vrai, dans le juste.

51

# APAISEMENT

## SOULAGEMENT • TRANQUILLITÉ DOUCEUR DE VIVRE

Un souffle de liberté vous envahit. Vous vous sentez comme en apesanteur, vous êtes enfin délesté de vos contraintes. Si ce n'est pas encore le cas, votre réflexion est déjà bien avancée. Ce n'est plus qu'une question de temps pour apprécier cet état de soulagement et de paix intérieure. Votre âme en sortira grandie et épanouie sur le long terme.

# LES 4 SAISONS

# AUTOMNE

Engourdissement, besoin de temps et d'espace.

Réflexion.

Les événements autour de cette carte se révéleront à cette période de l'année.

53

# HIVER

Vous vous sentirez particulièrement protégé à cette période-ci.

Besoin d'une mise en retrait pour analyser les informations et situations.

Prenez votre temps. Les événements autour de cette carte se révéleront à cette période de l'année.

# 54

# PRINTEMPS

Tout renaît et vos envies aussi.

C'est une belle période propice aux changements de cap et à l'effervescence des possibles.

Les événements autour de cette carte se révéleront à cette période de l'année.

## 55

# ÉTÉ

Un grand soleil dans votre cœur et dans votre esprit. Période propice aux échanges constructifs.

Les événements autour de cette carte se révéleront à cette période de l'année.

# REMERCIEMENTS

À ma famille et mes amis pour leur soutien et leur engouement pour cette aventure incroyable.

À Didier pour ses conseils avisés tout au long de la création de cet oracle.

Avec tendresse et passion pour les cartes,

Cécile Mendousse
La Vie en Rose

# QUI SUIS-JE ?

Je m'appelle Cécile Mendousse et je signe mes toiles « La Vie en Rose ». Mais pourquoi « Rose », me direz-vous ?

Pour vous mettre dans la confidence, c'est un petit clin d'œil à mes parents qui, longtemps, ont hésité sur ce choix de prénom (d'ailleurs, celui-ci est également indiqué sur ma carte d'identité), et bien entendu parce que mon tempérament optimiste et enjoué me fait voir la vie bien souvent du bon côté !

Je vis en Occitanie (82) avec mes nombreuses palettes et un nombre incalculable de tubes d'acrylique en tous genres que j'aime collectionner avec un amour démesuré. Enfant, j'ai toujours exploré le monde des couleurs et, encouragée par ma famille et mes professeurs d'art plastique au collège, je me suis tout naturellement orientée vers des études supérieures d'arts appliqués à Toulouse. À l'aube de mes quarante ans, j'aime encore et toujours partager ma passion des couleurs... J'initie également mon fils de cinq ans, Ange, à la liberté qu'offre ce mode de communication, à la formidable aventure sans cesse renouvelée de créer et d'imaginer toutes sortes d'univers.

Depuis plusieurs années, je peins pour des thérapeutes et des particuliers en France et à l'étranger (Canada, Suisse, Belgique, etc.). Mes peintures s'adressent à toutes les personnes qui cherchent des «outils» pour mieux se connaître et répondre aux questions liées à leur avenir (peintures d'âme, de guérison et tant d'autres). Les toiles réalisées sont canalisées et je restitue, pour vous, des messages, des émotions, colorés sur la toile. Mes peintures se veulent vivantes, interactives et enchantées.

Voici mon site : https://artlavieenrose.fr/

Vous pouvez également me retrouver sur les réseaux sociaux, et notamment par le biais de mon adresse Facebook :

www.facebook.com/mendoussececile

Depuis 2022 (et depuis longtemps dans ma tête), je me lance dans la création de supports divinatoires (cartes) et fais le grand saut : j'ai signé mon premier oracle *La Vie en Rose*, édité et publié fin 2022, et qui a su toucher le cœur de ma clientèle.

Les peintures illustrant cet oracle sont issues de mes propres créations picturales. Je propose aujourd'hui d'allier message et guidance de manière plus précise pour répondre à vos questions.

pca
cmb
édition pré-presse
livres numeriques

44400 Rezé